Manfred Mai

Leselöwen
Bolzplatzgeschichten

Zeichnungen von Heribert Schulmeyer

Loewe

Bibliografische Information Der Deutschen Bibliothek
Die Deutsche Bibliothek verzeichnet diese Publikation
in der Deutschen Nationalbibliografie; detaillierte bibliografische
Daten sind im Internet über *http://dnb.ddb.de* abrufbar.

*Der Umwelt zuliebe ist dieses Buch
auf chlorfrei gebleichtem Papier gedruckt.*

ISBN-10: 3-7855-5682-9
ISBN-13: 978-3-7855-5682-5
1. Auflage 2006

Umschlagillustration: Heribert Schulmeyer
Reihenlogo: Angelika Stubner
Printed in Germany (017)

www.loewe-verlag.de

Inhalt

Glück gehabt

Zehn Jungen stehen mitten auf dem Bolzplatz und wählen zwei Mannschaften. Als Letzter steht – wie meistens – Alexander da. Er ist zwar der längste, aber auch der schlechteste Fußballer von allen. Wenn er im Feld mitspielt, hat man immer Angst, er könnte einen Knoten in die Beine bekommen. Deswegen steht er meistens im Tor. Weil auf dem Bolzplatz nur kleine Tore stehen und Alexander so groß ist, gelingt es kaum jemandem, an ihm vorbeizuschießen, obwohl er auch kein besonders guter Torhüter ist. Aber durch seine Länge hält er manche Bälle – aus Versehen.

Damit sie besser zu unterscheiden sind, ziehen die Spieler einer Mannschaft ihre T-Shirts aus und spielen mit freiem Oberkörper.

Alle nehmen ihre Plätze ein, und das Spiel beginnt. Bald zeigt sich, dass beide

Mannschaften ungefähr gleich stark sind. Die „Nackten“ gehen zwar zweimal in Führung, aber die „Shirts“ gleichen zweimal aus. Nach einer Stunde steht es immer noch 2 : 2.

Kurz vor dem vereinbarten Spielschluss greifen die „Nackten“ noch einmal an. Daniel, ihr bester Spieler, erhält den Ball in der gegnerischen Hälfte. Er läuft ein paar Meter, und gerade als er abziehen will, grätscht ihm ein Gegenspieler von hinten in die Beine. Daniel stürzt wie vom Blitz getroffen.

„Foul!“, rufen seine Mitspieler. „Das gibt Elfmeter!“

„Das war doch eine Schwalbe!“, behauptet der Übeltäter. „Der lässt sich immer gleich fallen wie die Profis.“

Aber selbst seine Mitspieler geben zu, dass es ein ziemlich gemeines Foul war. Also gibt es einen Strafstoß, der auf dem Bolzplatz mit den kleinen Toren allerdings kein Elfmeter, sondern ein Siebenmeter ist.

Nach kurzer Diskussion entscheiden die „Nackten“, dass Daniel schießen soll. Während er sich den Ball zurechtlegt, kommt Alexander aus dem Tor und flüstert ihm ins Ohr: „Schieß daneben, sonst gibt’s was auf die Mütze!“

„Spinnst du?“

„Schieß daneben!“, wiederholt Alexander drohend. Dann läuft er zurück ins Tor und starrt Daniel mit einem stechenden Blick an.

Daniel steht hinter dem Ball und ist wie benommen. In seinem Kopf schwirren die Gedanken wild durcheinander: „Ich soll daneben schießen? Aber ich kann doch nicht absichtlich daneben schießen, das hab ich noch nie getan. Wenn ich das jetzt mache, bleibt es beim Unentschieden, wenn ich den Ball reinschieße, gewinnen wir 3:2. ‚Dann gibt's was auf die Mütze', hat er gesagt. Er will mich also schlagen, und er ist viel stärker als ich. Ich will nicht geschlagen werden – dann muss ich daneben schießen, aber das will ich auch nicht. Also darf ich gar nicht schießen."

„He, Daniel!", rufen seine Mitspieler und reißen ihn damit aus seinen Gedanken. „Was ist los, warum schießt du nicht?"

Daniel dreht sich zu ihnen um. „Ich kann nicht."

„Soll das ein Witz sein? Hau das Ding endlich rein, dann haben wir gewonnen!"

Daniel weiß nicht, was er tun soll. Um Zeit zu gewinnen, geht er Schritt für

Schritt rückwärts, so als wolle er einen besonders langen Anlauf nehmen.

„Pass bloß auf, Dani, dass du bei dem Marathonanlauf nicht zusammenbrichst, bevor du den Ball erreichst!“, sticheln die „Shirts“.

Daniel läuft langsam an – stoppt auf halber Strecke ab, blickt sich um und tut so, als müsse er seine Schuhe binden.

„Das gibt’s doch nicht!“ Seine Mitspieler raufen sich die Haare. „Nun schieß endlich!“

„Ich zähle bis drei“, sagt einer der „Shirts“. „Wenn du dann nicht geschossen hast, ist die Zeit vorbei. Dann bleibt’s beim 2 : 2, ist das klar!“

Daniel nickt und schluckt. Er richtet sich auf und geht nochmal ein paar Schritte zurück.

„Eins – zwei –“

Daniel trabt an und nimmt sich vor, knapp am Tor vorbeizuzielen. Doch weil er völlig durcheinander ist, trifft er den Ball nicht richtig. Der landet am rechten

Innenpfosten, prallt seitwärts und fliegt dem überraschten Alexander genau in die Hände.

„Oh nein!“, rufen Daniels Mitspieler enttäuscht.

„Pech gehabt!“, feixen die „Shirts“.

„Glück gehabt“, sagt Alexander und schaut Daniel dabei grinsend an.

Alle glauben, er habe das gesagt, weil der Ball ihm in die Hände geflogen ist, ohne dass er etwas dafür konnte. Aber Daniel weiß, dass Alexander es anders gemeint hat. Er ist froh, dass die Sache so ausgegangen ist. Wenn man den Innenpfosten trifft, denkt jeder, das sei Pech gewesen. Und ein Unentschieden ist jedenfalls weniger schmerzhaft als eins auf die Mütze.

Mädchen gegen Jungs?!

Am Mittwochvormittag stehen einige Mädchen nach der letzten Schulstunde zusammen und tuscheln. Zwischendurch kichern sie immer wieder.

Ein paar Jungen gehen vorbei, verdrehen die Augen und tippen sich an die Stirn.

„Typisch Mädchen!“, sagt Leon. „Wie ein Hühnerhaufen.“

Christopher hüpft herum wie ein aufgescheuchtes Huhn und gackert laut dazu, bis seine Freunde sich kringeln vor Lachen.

Janina und Sophie drehen sich zu ihnen um und strecken die Zungen heraus.

„Was für hässliche Hühnerzungen!“, ruft Leon. Lachend gehen er und seine Freunde weiter.

Bevor sie sich trennen, sagt Recep: „Wir treffen uns wie besprochen heute Nachmittag um drei. Wer bringt einen Ball mit?“

„Ich“, antworten Vincent und Lukas gleichzeitig.

Kurz vor drei treffen die Jungen am Bolzplatz hinter der Schule ein – und trauen ihren Augen kaum. Der Platz ist belegt. Und zwar nicht von anderen Jungen, wie das manchmal vorkommt; nein, heute spielen Mädchen Fußball.

„He, was macht ihr denn da?“, ruft Leon.

Die Mädchen antworten nicht.

„Hört ihr schlecht?"

Weil die Mädchen immer noch nicht reagieren, fragt Recep: „Wieso spielt ihr hier Fußball?"

„Wieso nicht?", fragt Maria zurück.

„Weil ... weil ... ihr ..."

Leon kommt seinem stotternden Freund zu Hilfe: „Weil ihr noch nie hier gespielt habt ..."

„… und weil ihr gar nicht Fußball spielen könnt“, behauptet Recep, als er die Sprache wiedergefunden hat.

„Du siehst doch, dass wir es können“, sagt Janina.

„Können!“ Leon lacht spöttisch. „Ihr rennt herum wie ein Hühnerhaufen“, lästert er, wie er es am Vormittag schon getan hat.

Die Mädchen lassen sich nicht darauf ein und spielen weiter. Die Jungen stehen etwas ratlos am Spielfeldrand.

„Was tun wir jetzt?“, fragt Vincent.

„Frag nicht so dumm“, sagt Recep. „Ich bin hergekommen, weil ich Fußball spielen will, und ich spiele auch!“

„Willst du vielleicht mit den Mädchen spielen?“, fragt Christopher.

„Du bist wohl bescheuert!“

„Hört auf!“, sagt Lukas. „Lasst uns lieber überlegen, was wir tun sollen.“

„Da gibt's nichts zu überlegen“, meint Recep. „Wir jagen die Tussis weg und spielen.“

„Wir können sie doch nicht einfach wegjagen“, widerspricht Lukas. „Der Bolzplatz gehört ja nicht uns. Die Mädchen dürfen hier genauso spielen wie wir. Und sie waren zuerst da.“

„Und sie waren zuerst da“, äfft Recep Lukas nach. „Bist du für die oder für uns?“

„Darum geht's doch gar nicht“, sagt Lukas.

„Worum geht's denn dann deiner Meinung nach?“, fragt Recep.

„Es geht darum, dass wir nicht zum Quatschen gekommen sind, sondern zum Kicken“, mischt sich Leon ein.

„Genau“, sagt Recep.

„Aber jetzt kicken die Mädchen ...“

„Sollen wir vielleicht warten, bis sie aufhören, und ihnen so lange zuschauen?“, fragt Leon.

„Das mache ich schon die ganze Zeit“, sagt Vincent. „Die Mädchen spielen gar nicht schlecht.“

Die andern starren ihn an, als müssten sie sich verhört haben. Dann wenden sie die Köpfe und schauen den Mädchen zu. Und sie müssen zugeben, dass Vincent Recht hat. Gerade erhält Janina den Ball, umspielt geschickt eine Gegnerin und lässt der Torhüterin mit einem platzierten Schuss keine Chance.

„Gut gemacht“, murmelt Lukas anerkennend.

Recep wirft ihm einen bösen Blick zu.
„Sollen wir sie fragen, ob sie gegen uns spielen?“, fragt Vincent.

Recep zeigt ihm einen Vogel. „Ich spiele nicht *mit* den Mädchen und nicht *gegen* sie. Mir wird das jetzt zu blöd hier. Entweder wir jagen sie vom Platz, oder ich gehe.“

Während die Jungen immer heftiger diskutieren, ruft Maria ihnen zu: „Wollt ihr mitspielen?“

„Ich jedenfalls nicht“, zischt Recep und verschwindet.

„Ich auch nicht“, brummt Leon und folgt ihm.

„Wartet!“, rufen Jan und Vedran. Auch Christopher geht.

Zuletzt stehen nur noch Vincent und Lukas da.

Sie schauen sich an. Beide können sich vorstellen, mit den Mädchen zu spielen.

„Aber die anderen Jungs werden uns auslachen“, sagt Lukas.

„Na und“, grinst Vincent und spielt Lukas seinen Ball zu.

„Warum eigentlich nicht“, meint Lukas und kickt den Ball in hohem Bogen zu den Mädchen. „Wir kommen!“, ruft er ihnen zu und läuft mit Vincent aufs Spielfeld.

Ein schönes Ergebnis

Heute ist auf den Sportanlagen am Stadtrand ungewöhnlich viel Betrieb. Das schöne Wetter zieht Tennisspieler, Inlineskater und Fußballer hinaus.

Auf dem kleinen Platz hinter dem Stadion kicken Kinder, bis am späten Nachmittag mehrere Männer kommen. Sie wollen hier wie jeden Dienstag nach Feierabend eine Stunde Fußball spielen. Weil sie heute nur zu sechst sind, fragen sie die größeren Jungs, ob sie mitspielen wollen. Einige haben keine Lust, mit Männern zu spielen, die in ihren Augen schon total alt sind. Andere kicken so gern, dass es ihnen egal ist, wer mitspielt. Hauptsache, es reicht für zwei Mannschaften.

Es gibt eine kurze Diskussion, wie die Mannschaften am sinnvollsten zusammengestellt werden sollen. Weil die sechs Jungs am liebsten miteinander spielen möchten, einigt man sich schließlich darauf, dass sie gegen die Männer spielen.

„Los, die Grufties machen wir fertig!“, feuert Luca seine Freunde Timo, Florian, Ali, Jan und Aaron an.

„Denen zeigen wir mal, wie man heute Fußball spielt“, sagt Aaron.

Ein paar der Jüngeren setzen sich an den Spielfeldrand und schauen zu. Dabei sehen sie schnell, dass Luca und seine Freunde sich die Sache zu einfach vorgestellt haben. Sie können zwar schneller rennen als die Männer, aber sie rennen oft kopf- und planlos herum und spielen ziemlich unüberlegt. Vor allem möchte jeder ein Tor schießen und übersieht deswegen häufig besser stehende Mitspieler.

Die Männer ziehen ihr Spiel ganz anders auf. Sie versuchen, den Ball in den eigenen Reihen zu halten, spielen auch mal zurück, manchmal bis zum Torhüter, und bauen wieder neu auf. Weil sie technisch recht gut sind, finden ihre Zuspiele meistens einen Mitspieler, und die Jungen haben es schwer, den Ball zu erobern.

Nach einer halben Stunde führen die Männer 3 : 1. Sie schlagen eine Trinkpause vor, weil sie ganz schön ins Schwitzen gekommen sind. Die Jungs versammeln sich ein paar Meter von ihnen entfernt.

„Wir dürfen nicht so eigensinnig sein, sonst ...“

„Das musst gerade du sagen“, unterbricht Aaron Luca. „Du spielst ja keinen Ball ab.“

„Du auch nicht“, gibt Luca zurück.

„Hört auf, das bringt uns nicht weiter!“, geht Ali dazwischen. „Die spielen viel mehr zusammen als wir und lassen uns laufen wie die Blöden.“

„Wir müssen so spielen wie die“, meint Jan.

Luca zeigt ihm einen Vogel. „Ich spiel doch nicht wie die Grufties!“

„Ganz so falsch kann das nicht sein“, sagt Jan spitz. „Immerhin führen sie 3 : 1.“

„Bevor ich Fußball spiele wie die Grufties, verliere ich lieber!“

Jetzt tippt sich Jan an die Stirn.

„Jan hat Recht“, sagt Ali, „wir müssen mehr zusammenspielen und den Ball laufen lassen wie die Alten, dann können wir noch gewinnen.“

„Ich spiele ...“, beginnt Luca.

„Seid ihr so weit, oder braucht ihr noch länger Pause?“, ruft einer der Männer.

„Los jetzt, sonst machen die sich noch lustig über uns“, sagt Ali. „Und spielt zusammen, ich will gegen die Grufties nicht verlieren!“

Schon in den ersten Minuten ist zu sehen, dass die Jungen ganz anders spielen als vor der Pause. Und da sie viel schneller und beweglicher sind als ihre Gegner, dauert es nicht lange, bis sie den Anschlusstreffer erzielen. Die Männer ziehen sich mehr und mehr in die Abwehr zurück, um die knappe Führung über die Zeit zu retten. Doch mit jeder Minute werden ihre Schritte schwerer, und die Abspielfehler häufen sich. Kurz vor

Schluss umdribbelt Luca zwei Gegenspieler und könnte aufs Tor schießen. Da sieht er im Augenwinkel den mitgelaufenen Ali. Er zögert kurz, dann spielt er ihm den Ball genau in den Lauf. Ali zieht ab, und Sekunden später zappelt der Ball im Netz. Der Torschütze läuft sofort zu Luca, springt ihm in die Arme und bedankt sich für die gute Vorlage. Die anderen Jungs kommen auch angerannt und werfen sich auf die beiden.

Als sie sich weder beruhigt haben, sagt einer der Männer: „Jungs, uns reicht's für heute, und 3 : 3 ist doch ein schönes Ergebnis, findet ihr nicht?"

„Spielen wir nächsten Dienstag wieder?", möchte Ali wissen.

„Mal sehen."

„Kneifen gilt nicht", sagt Ali.

„Du möchtest wohl nächstes Mal unbedingt gewinnen."

Ali grinst und nickt.

Fußballstar für fünf Minuten

Leonie ist ein sehr kluges Mädchen. Deswegen braucht sie für die Hausaufgaben auch nicht so lange wie andere Kinder. Heute kommt sie schon kurz vor zwei in Fußballklamotten und mit einem Ball unter dem Arm aus ihrem Zimmer.

Als ihre Mutter Leonie so sieht, verdreht sie die Augen. Sie kann nicht verstehen, weshalb ihre Tochter die Freizeit am liebsten auf dem Fußballplatz verbringt. Aber weil Leonie trotz ihrer Fußballverrücktheit Klassenbeste ist, kann ihre Mutter schlecht etwas dagegen sagen.

„Ich gehe zum Bolzplatz“, sagt Leonie.

„Willst du heute nicht hier bleiben?“, fragt die Mutter. „Es hat den ganzen Vormittag geregnet. Du wirst doch fürchterlich schmutzig, wenn du jetzt Fußball spielst."

„Das macht doch nichts", sagt Leonie. „Es gibt ja Wasser zum Waschen."

Die Mutter seufzt.

„Tschüss, Mama!"

Draußen lässt Leonie den Ball fallen und stoppt ihn. Dann läuft sie mit dem Ball am Fuß zum Bolzplatz. Wie so oft ist sie am Nachmittag dort die Erste. Sie nimmt den Ball geschickt hoch, lässt ihn von der Fußspitze aufs Knie tanzen und wieder zurück, schießt ihn hoch in die Luft und stoppt ihn. Elegant umdribbelt sie die gedachten Gegenspieler, nähert sich dabei dem Tor, zielt die rechte obere Ecke an – und schießt knapp vorbei. Sie holt den Ball, wiederholt den Schuss in die rechte obere Ecke – und trifft. „Yes!", ruft sie und ballt die Faust.

Leonie schaut sich um, aber noch immer ist niemand zu sehen. Sie trabt zur Mitte des Platzes, setzt sich auf den Ball und schließt die Augen. Langsam verwandelt sich der Bolzplatz in ein Stadion. Auf den Rängen herrscht eine tolle Stimmung, und als die Mannschaften einlaufen, brandet Beifall auf. Deutschland wird angeführt von Birgit Prinz, einer der besten Fußballerinnen der Welt. Neben ihr wird Leonie heute zum ersten Mal für Deutschland stürmen. Vor dem Anpfiff bekommt sie von allen Spielerinnen noch einen aufmunternden Klaps.

Von der ersten Minute an machen die gegnerischen Schwedinnen gewaltig Druck. Die deutschen Frauen haben Mühe, einen Rückstand zu verhindern. Selbst Birgit Prinz und Leonie müssen in der Abwehr aushelfen.

Erst nach zwanzig Minuten können sie sich langsam befreien und eigene Angriffe starten.

Kurz vor der Halbzeit treibt Steffi Jones den Ball auf der linken Seite nach vorn. Die Schwedinnen rechnen mit einem Pass

10

auf Birgit Prinz, doch Steffi Jones spielt den Ball halbhoch zu Leonie, die ihrer Gegnerin an der Strafraumgrenze entwischt ist. Leonie stoppt den Ball und zirkelt ihn in die rechte obere Ecke, sodass die schwedische Torfrau chancenlos ist.

„Tor!", schallt es aus dreißigtausend Kehlen.

„Leonie!"

Birgit Prinz kommt strahlend auf Leonie zugelaufen.

„Mensch, Leonie!"

Plötzlich wird der Ball unter Leonie weggeschlagen, und sie plumpst auf den Po.

„Bist du taub?"

Leonie guckt Johannes an, als komme er aus einer anderen Welt.

„Wir wollen spielen, und du siehst nichts und hörst nichts", sagt er.

„Hättest du nicht fünf Minuten später kommen können?", fragt Leonie.

„Wieso später? Du hast doch schon auf uns gewartet."

„Vergiss es", sagt Leonie, steht auf und geht an Johannes vorbei.

Der schaut ihr hinterher und begreift überhaupt nichts mehr.

Volltreffer!

Heute feiert Maximilian seinen achten Geburtstag. Dazu hat er Jonas, Paul, Fabio, Niklas, Lena, Amelie und natürlich seine Schwester Johanna eingeladen. Nachdem die Geschenke ausgepackt sind und der Kuchen gegessen ist, sagt Maximilian: „Jetzt spielen wir Fußball!“

Einige erfüllen ihm diesen Wunsch gern,

andere sind nicht so fußballbegeistert wie das Geburtstagskind, das sieht man ihnen an.

„Ich will nicht Fußball spielen", sagt Johanna.

„Ich auch nicht", murmelt Niklas.

„Das ist mein Geburtstag, deswegen darf ich mir auch wünschen, was wir spielen", sagt Maximilian. „Und ich wünsche mir, dass wir Fußball spielen."

„Ihr könnt ja zuerst Fußball und dann etwas anderes spielen", versucht die Mutter einzulenken.

„Also gut", seufzt Johanna.

Auch Niklas und Amelie wollen keine Spielverderber sein und gehen mit den anderen hinaus in den Garten.

Maximilian holt zwei Tore aus der Garage und stellt sie auf. Er und Jonas wählen, weil sie die beiden besten Fußballer sind. Mit Maximilian spielen Paul, Lena und Amelie, mit Jonas spielen Fabio, Johanna und Niklas.

Maximilian schickt Amelie ins Tor. In der anderen Mannschaft meldet sich Niklas freiwillig als Torhüter; er hat nämlich zu viele Pfunde auf den Rippen und rennt nicht so gern.

Maximilian pfeift durch die Finger, das Spiel beginnt. Bald zeigt sich, dass seine Mannschaft stärker ist. Sie greifen immer wieder an, aber es will ihnen einfach kein Tor gelingen. Wenn sich der dicke Niklas breit macht, ist es ziemlich schwierig, an ihm vorbei in das kleine Tor zu treffen. Einmal rutscht er aus, Paul hebt den Ball geschickt über Niklas und jubelt schon. Doch der Ball prallt von der Latte ins Spielfeld zurück. Einen Augenblick lang stehen Paul und Maximilian wie angewurzelt da, weil sie nicht fassen können, dass der Ball wieder nicht im Tor gelandet ist. Dafür reagiert Jonas blitzschnell: Er schnappt den Ball, umspielt Lena und lässt Amelie mit einem Schuss in die linke Ecke keine Chance.

„Tor!“, ruft er und läuft strahlend in seine Hälfte zurück, wo ihn seine Mitspieler abklatschen.

„Wir gewinnen“, stichelt Johanna gegen ihren Bruder, der schlecht verlieren kann.

„Das glaubst du ja selbst nicht, du Flasche!“, gibt er zurück. Er läuft zu Paul und flüstert ihm etwas ins Ohr. Dann starten die beiden einen neuen Angriff. Johanna und Fabio können sie nicht stoppen, und auch Jonas spielen sie mit einem tollen Doppelpass aus. Jetzt hat Maximilian freie Bahn, und er will unbedingt den Ausgleich erzielen. Wenige Meter vor dem Tor schießt er mit voller Wucht, doch der Ball fliegt über das Tor und über die Hecke – dann ist ein Geräusch zu hören, das die Kinder erstarren lässt. Sie brauchen ein paar Sekunden, bis das Geräusch in ihren Köpfen einen Sinn ergibt: Der Ball ist in eine Fensterscheibe geflogen.

Paul findet als Erster die Sprache wieder, bringt allerdings nur ein Wort heraus: „Mist!“

Die Kinder schauen sich an.

„Und jetzt?“, fragt Johanna.

Maximilian zieht die Schultern hoch.

„Wir hauen ab“, schlägt Fabio vor.

Man sieht den anderen an, dass sie das für keinen guten Vorschlag halten.

„Wir sehen nach, was passiert ist“, sagt Jonas.

„Das hast du doch gehört“, brummt Fabio.

Langsam setzen die Kinder sich in Bewegung, und Fabio trottet mürrisch hinterher. Draußen vor dem Garten sehen sie, was sie vorhin gehört haben: Im Nachbarhaus ist eine Fensterscheibe zerbrochen. Niemand ist zu sehen, also scheint es noch keiner bemerkt zu haben.

„Und jetzt?“, fragt Johanna wieder.

„Maxi hat geschossen ...“

„Aber wir haben alle mitgespielt“, fällt Lena Niklas ins Wort.

„Wenn keiner da ist, können wir immer noch abhauen“, murmelt Fabio. „Dann weiß niemand, wer es war.“

„Die denken sich doch gleich, dass wir es waren“, sagt Maximilian, der endlich die Sprache wiedergefunden hat.

„Wieso?“, fragt Fabio.

„Weil wir oft im Garten kicken“, antwortet Maximilian. „Und sowieso ist mein Ball da drüben, den will ich wiederhaben.“

„Kommt, wir gehen rüber und klingeln“, sagt Jonas.

„Aber ich ...“

„Wir gehen alle zusammen und sagen, was passiert ist“, redet Jonas weiter.

Wieder trottet Fabio hinterher. Dabei schaut er sich heimlich um, als suche er einen Fluchtweg.

Vor der Haustür stehen sie dicht beieinander. Jonas drückt auf den Klingelknopf.

Wenig später wird die Tür geöffnet. Frau Hallmeyer wundert sich, so viele Kinder zu sehen. „Was gibt's?“, fragt sie.

„Ich ... wir ... mein Ball ist ... in ein Fenster geflogen“, stottert Maximilian.

„In ein Fenster? In welches?“, fragt Frau Hallmeyer.

„Auf der anderen Seite“, antwortet Maximilian.

Gemeinsam gehen sie zur Giebelseite und schauen sich die Bescherung an.

„Die Scheibe müsst ihr bezahlen“, sagt Frau Hallmeyer.

„Aber ich war’s ja gar nicht“, entgegnet Fabio.

„Tja.“ Frau Hallmeyer zieht die Schultern hoch. „Entweder ihr bezahlt die Scheibe zusammen, oder der, der sie kaputtgemacht hat, muss sie allein bezahlen.“

„Ich ...“

„Wir bezahlen sie zusammen“, sagt Lena.

In diesem Augenblick kommt die Mutter von Johanna und Maximilian hinzu. Die Stille im Garten ist ihr aufgefallen, da wollte sie nachsehen, ob etwas passiert ist. Jetzt erzählt Johanna ihr ganz aufgeregt von dem unglücklichen Treffer.

„Keine Angst“, beruhigt sie die Kinder, „ihr müsst die Scheibe nicht bezahlen, weder alle zusammen noch Maxi allein. Gegen solche Unfälle sind wir nämlich versichert.“ Dann wendet sie sich an Frau Hallmeyer. „Sie lassen eine neue Scheibe einsetzen, geben mir die Rechnung des Glasers und bekommen das Geld von unserer Haftpflichtversicherung ersetzt."

Die Kinder sind erleichtert.

„Äh ... mein Ball ... können Sie mir den holen?", fragt Maximilian.

Frau Hallmeyer nickt, geht ins Haus und kommt wenig später mit dem Ball zurück.

„Passt bitte trotz der Haftpflichtversicherung in Zukunft auf, wenn ihr Fußball spielt.“

Das versprechen die Kinder natürlich. Aber es ist gut zu wissen, dass es eine Versicherung gegen zerbrochene Fensterscheiben gibt.

Ein ungewöhnlicher Spieler

Felix brütet noch immer über den Hausaufgaben, obwohl seine Uhr ihm zeigt, dass es gleich halb drei ist. Und dabei hat er mit seinen Freunden ausgemacht, dass sie sich um halb drei auf dem Bolzplatz treffen. Während er die letzte Aufgabe rechnet, sitzt er nur noch mit dem halben Po auf dem Stuhl. Und er ist nicht sicher, ob seine Rechnung überhaupt stimmt. Aber das ist ihm jetzt egal, er stopft die Schulsachen in die Tasche und zischt ab.

„Halt!“, ruft Felix’ Mutter. „Bist du mit den Hausaufgaben fertig?“

„Ja!“ Felix will an ihr vorbei.

„Halt!“, sagt seine Mutter noch einmal. „Bevor du Fußball spielst, gehst du noch mit Hercules raus.“

„Keine Zeit, die andern warten schon auf mich!“

„Entweder du gehst mit Hercules noch eine Runde Gassi, oder du nimmst ihn mit auf den Bolzplatz“, sagt die Mutter sehr bestimmt.

Felix weiß, dass sie nicht nachgeben wird, und nimmt die Leine vom Haken. Hercules springt vor Freude bellend an ihm hoch. Felix hakt die Leine am Halsband ein und macht sich mit dem Hund auf den Weg zum Bolzplatz. Dort haben seine Freunde schon zu kicken begonnen. Felix bindet Hercules an dem Abfalleimer fest, der am Rand des Bolzplatzes steht. Der Hund schnüffelt in den Abfalleimer hinein und an ihm herum.

Dann hebt er ein Bein und hinterlässt seine Duftmarke.

Inzwischen haben die Jungen zwei Mannschaften gebildet und beginnen ein neues Spiel.

Hercules schaut zu, und jedes Mal, wenn der Ball in seine Nähe kommt, rastet er beinahe aus. Er bellt und zerrt wie verrückt an seiner Leine.

„Sitz, und gib endlich Ruhe!“, herrscht Felix ihn an.

Hercules zieht den Schwanz ein und kuscht.

Aber es dauert nicht lange, bis er wieder an der Leine zerrt. Dabei löst sich langsam die Schlaufe – und plötzlich ist Hercules frei. Sofort rast er los, überquert das halbe Spielfeld, nimmt Joshua den Ball ab und treibt ihn mit der Schnauze an den verdutzten Jungen vorbei.

„Hercules!“, brüllt Felix. „Gib sofort den Ball her!“

Doch diesmal hört Hercules nicht auf ihn. Er ist auf dem Weg zum Tor und lässt sich durch nichts und niemanden aufhalten. Der Torhüter starrt den ungewöhnlichen Angreifer mit großen Augen an und ist unfähig, etwas zu tun. Hercules läuft mit dem Ball vor der Nase an ihm vorbei ins Tor. Dort setzt er sich hechelnd neben den Ball, legt den Kopf etwas schief und schaut die Jungen an, als wolle er sagen: „Na, hab ich das nicht prima gemacht?“

„Der Ball ist im Tor“, sagt Felix. „Jetzt steht es 1 : 0 für uns.“

Yusuf tippt sich an die Stirn. „Wenn ein Hund ein Tor schießt, gilt das doch nicht!“

„Wieso nicht?“ Felix grinst. „Hercules ist mein Hund, und wenn er ein Tor schießt, zählt das für meine Mannschaft, ist doch klar!“

„Wenn das so ist, hole ich jetzt unsere Dogge und stelle sie ins Tor“, droht Joshua. „Dann traut sich von euch keiner mehr, ein Tor zu schießen. Und dein Spitz schon gar nicht.“

„Das war doch nur Spaß“, sagt Felix. „Das Tor zählt natürlich nicht.“ Er führt Hercules vom Platz und bindet ihn wieder am Abfalleimer fest. Dabei streichelt und lobt er ihn. „Das hast du ganz toll gemacht, mein kleiner Hercules. Du bist ein besserer Fußballer als einige der Jungs hier.“

Hercules leckt Felix die Hand ab und fiept vor Freude.

Manfred Mai, 1949 in Winterlingen geboren, wuchs auf einem Bauernhof auf. Als Kind machte er sich nichts aus Büchern und hatte mit Schule auch nicht allzuviel im Sinn. Nach dem Schulabschluss begann er eine Malerlehre und arbeitete in einer Fabrik. Aber so recht glücklich war er dabei nicht. Er wurde immer unzufriedener und ging auf die Suche nach Neuem. In dieser Zeit entdeckte er, dass Bücher etwas Tolles sind. Er las und lernte viel, wurde Lehrer und schließlich Schriftsteller. Heute lebt Manfred Mai mit seiner Frau und zwei Töchtern im schönen Schwabenländle.

Heribert Schulmeyer, geboren 1954, zeichnet seit seinem 12. Lebensjahr, nachdem ihm seine Zwillingsschwester verboten hatte, weiter mit Ritterburgen zu spielen. Nach Schule und Studium wurde er Comiczeichner und freier Künstler. Heute arbeitet er für verschiedene Verlage und für den WDR bei der „Sendung mit der Maus“. Heribert Schulmeyer lebt und arbeitet in Köln.

Leselöwen

Leselöwen
Zaubergeschichten
Ulrich Maske
Loewe

Leselöwen
Schulfreundegeschichten
Ulli Schubert
Loewe

Leselöwen
Entdeckergeschichten
Martin Baresch
Loewe

Leselöwen
Mitternachtsgeschichten
Marliese Arold
Loewe

Leselöwen
E-Mail-Geschichten
Vanessa Walder
Loewe

Leselöwen
Ballettgeschichten
Elisabeth Zöller
Loewe

Leselöwen
Jungengeschichten
Jörg Sommer
Loewe

Leselöwen
Mädchengeschichten
Gerit Kopietz
Loewe

Leselöwen
Torjägergeschichten
Martin Klein
Loewe

Jede Geschichte ein neues Abenteuer

Loewe